Dedicado a mis padres.

La esencia del tayuid: Una guía para el recitador del Corán
Copyright © 2020 Muhammed Mekki

Publicado por TajweedCircle

recite@tajweedcircle.com

Caligrafía de tapa "Recita el Corán de manera clara y fluida" (Corán 73:4)
Por el Maestro en Caligrafía Árabe Haji Noor Deen Mi Guang Jiang.

Todas las fotografía © Peter Sanders Photography.

Escritura coránica por Uthman Taha © King Fahd Qur'an Printing Complex.

Un agradecimiento especial para Mukhtar y Peter Sanders
por su generosa guía de diseño y apoyo durante el proyecto.

ISBN: 978-1-7357159-2-6

Primera edición.

LA ESENCIA DEL TAYUID

Una guía para el recitador del Corán

Muhammed Mekki

traducido por

Máximo Maciel Bo

tajweedcircle.com

tajweed**circle**

tajweedcircle.com | recite@tajweedcircle.com

بِسْمِ اللَّهِ الرَّحْمَٰنِ الرَّحِيمِ

Con el Nombre de Dios, el Matricial, el Matriciante

Esta breve guía fue pensada para ser una compañía y referencia para cualquier estudiante de tayuid durante su camino de aprendizaje. Mi meta fue crear un resumen condensado de las reglas y presentarlas visualmente a través de diagramas para facilitar su estudio y revisión.

El tayuid es una disciplina simple y compleja a la vez. Sus reglas centrales pueden ser sucintamente expuestas como veremos más adelante, sin embargo el perfeccionamiento de la recitación puede tomar toda una vida. Empecé mi travesía en el 2003 bajo la instrucción del Shaij Mohammad Ali Osman durante mis estudios en Amman, Jordania. En el 2006 recibí de él mi licencia para enseñar tayuid. Si esta guía es de algún beneficio, el mérito sería para Dios en primer lugar y luego para mi shaij; por favor recuérdalo en tus súplicas.

La fuente principal para la confección de esta guía es el mismo libro que él usó para enseñarme (في نهاية القول المفيد في علم التجويد por محمد مكي نصر الجريسي). Las reglas explicadas están vinculadas con la manera más extendida de recitación del Corán, *Ḥafṣ* bajo la autoridad de *'Āṣim* a través de *al-Shaṭibiyyah*.

A pesar de que adquirir un conocimiento profundo del tayuid no es obligatorio para todos los musulmanes, la habilidad práctica de recitar el Corán adecuadamente sí nos incumbe a todos. Además de cumplir con esta obligación central, el perfeccionamiento de la recitación del Corán te permite apreciar por completo su majestuosa sonoridad y conectarte con la palabra divina más profundamente. Disfrutarás sentidamente el dominio de la recitación en cualquier momento que la escuches y empezarás a descubrir las muchas conexiones entre el sonido y el significado.

Intencionalmente escribí esta guía traduciendo la terminología siempre y cuando fuera posible e incluyendo los equivalentes términos en árabe en los diagramas explicativos. El trabajo de otros autores fue un valioso aporte al buscar en inglés la terminología árabe del tayuid. El trabajo de tres mujeres en particular fueron de gran ayuda y son excelentes referencias. *Tajweed Rules of the Qur'an* por Kareema Czerepinski, *The Reader's Guide to the Book of Light* por Abeer Ajlouni y *A Brief Introduction to Tajweed* por Umm Muhammad. También quisiera agradecer a mi esposa, Nour Merza, por su invaluable edición y apoyo artístico a lo largo de este proyecto.

Esta edición en español no hubiera sido posible sin el gran esfuerzo de Máximo Maciel Bo, quien cuidadosamente tradujo cada palabra para producir este libro. No puedo agradecerle lo suficiente por su ayuda para llevar este trabajo a la comunidad de habla hispana. Doy gracias a Dios por conectarnos.

Más allá de haber hecho mi mejor esfuerzo para resumir las reglas fundamentales, el único camino para aprender tayuid en forma definitiva es practicando bajo la supervisión de un instructor calificado. Si no tenés acceso a uno, te invitamos a visitar nuestro sitio web tajweedcircle.com para unirte a nuestra comunidad global de recitadores y así beneficiarte con nuestras herramientas de aprendizaje como cursos en línea. Si encontraste esta guía beneficiosa, por favor compartila libremente así otros también pueden beneficiarse con ella, *insha'Allah*.

La paz esté con ustedes,
Muhammed Mekki

Prólogo del traductor

Fue durante la cuarentena del 2020 debido a la pandemia de coronavirus que un día, recibí un correo electrónico de Muhammed Mekki, alguien con quien jamás había tenido contacto previo. En el correo decía que estaba trabajando en una guía para el estudio del tayuid* y que había obtenido mi nombre de un libro de tayuid en español.

Tuve la bendición de Alá de haber estudiado islam, árabe y otras disciplinas relacionadas con el islam en distintas partes del mundo (Siria, Egipto y Yemen principalmente). En uno de esos viajes un hermano de origen latino pero nacido en Estados Unidos de Norteamérica me pidió que lo ayudara a editar un libro sobre tayuid en español. Ese libro fue el libro que Muhammed Mekki encontró en internet, 6 años después de su publicación en línea.

Esta traducción de la bellísima obra de Muhammed Mekki es el fruto de ese inesperado vínculo ¿Quién iba a pensar que un argentino converso al islam iba a terminar colaborando con un iraquí-estadounidense viviendo en Dubai? Solo Alá, por supuesto.

El tayuid es una disciplina laboriosa al menos para los que no aprendimos árabe desde pequeños. El idioma árabe es muy diferente al español tanto en su gramática, su morfología como en sus letras y pronunciaciones. Dominarlo requiere esfuerzo y mucho más el tayuid.

¿Porque deberíamos aprender tayuid entonces? Podría exponer los beneficios citando ahadiz y aleyas del Corán que sean suficientes para motivar su estudio, sin embargo yo solo quisiera decir, como decimos en Buenos Aires, que estudiamos tayuid "porque está bueno." No es fácil explicar cómo el Corán te recorre desde adentro hacia afuera cada vez que lo recitamos con tayuid. Todos nos estremecemos al escuchar a un Qari, imaginate como se debe sentir si sos vos el emisor de tan hermosa recitación.

El mensaje que trajo Muhammad (PyB) está disponible para todos y todas, su belleza sonora también. Alá nos invita a recitar su palabra con hermosura, cada uno sabe si la respuesta a esa invitación es solo una aleya o el Corán entero, sin ser una respuesta más válida que otra, porque sólo Alá sabe lo que hay en el corazón de cada uno y como dijo Muhammad (PyB) "las acciones son acorde a las intenciones."

Quisiera concluir agradeciendo a mis maestros de islam, árabe y tayuid quienes me acompañan en este camino de retorno y a Pablo, amigo y hermano en el islam, quien muy meticulosamente leyó la traducción final haciendo valiosísimos aportes.

Máximo Maciel Bo
Buenos Aires
Agosto, 2020

*La letra "y" que utilizamos en la palabra tayuid debe ser pronunciada como en el español rioplatense ya que su original en árabe, la letra ج, no tiene correlato exacto.

La palabra tayuid deriva de la raíz árabe (جوّد) que denota enriquecer o embellecer, en el contexto del Corán esta definición se relaciona con una recitación mesurada pronunciando cada letra desde su correcto punto de articulación aplicando tanto sus características propias como circunstanciales.

Antes de presentar los puntos de articulación y las características de cada letra que permiten la correcta recitación, tendremos que revisar un concepto fundacional que afecta por completo a todos las palabras del Corán, a saber la pronunciación de las vocales cortas, llamadas *fatḥah*, *kasrah* y *ḍammah*.

Las vocales cortas derivan de sus correspondientes vocales largas equivalentes, lo que significa que el sonido es exactamente el mismo, la única diferencia es que su duración es la mitad de la duración de una vocal larga. Entonces la *fatḥah* dura la mitad que una *alif* manteniendo exactamente el mismo sonido, al igual que la *kasrah* con la ي y la *ḍammah* con la و.

La duración de una vocal corta en la recitación es nuestro punto de referencia y unidad de medida que duplicaremos al momento de producir una vocal larga estándar y que continuaremos usando para construir sucesivamente el resto de las prolongaciones de los sonidos vocálicos descritas más adelante en esta guía (hasta 6 vocales cortas en duración). Con este método, la duración de las vocales es relativa a la velocidad de recitación, de modo que en *ḥadr* es más corta que en *taduīr*, que a su vez es más corta que en *taḥqīq*, la forma más lenta de recitación citada por los eruditos.

El nombre en árabe de las vocales cortas se refiere a la posición que debe tener la boca al momento de pronunciarlas: *fatḥah* significa abrir, entonces la mandíbula debe abrirse verticalmente, la *ḍammah* implica juntar entonces los labios deben formar un fruncido círculo al abrirse y la *kasrah* significa romper por lo tanto la boca debe abrirse como si fuera un tajo horizontal. Es importante tener presente que la posición de la boca al pronunciar estas vocales impacta directamente en el sonido y afecta por completo la recitación.

Asegurarse que las vocales cortas tengan exactamente el mismo sonido que sus equivalentes vocales largas requiere de práctica para hacerlo bien. Podés evaluar tu pronunciación de una vocal corta en su contexto extendiéndola al doble para percibir si suena como una vocal larga correctamente articulada. Si no tenés cuidado, las letras más pesadas pueden "arrastrar" a las vocales cortas influenciando incorrectamente su sonido. Por ejemplo en la palabra {مَخْمَصَةٍ} la مَ debe mantener su suavidad en ambas posiciones y no ser afectada por la fuerte خ ni ص (pronunciada *ma* y no *mu*). Discutiremos más profundamente esta particularidad en la sección de velarización y atenuación.

Con los fundamentos de las vocales cortas en su lugar estamos listos para avanzar hacia los puntos de articulación y aprender dónde se origina cada letra.

Vamos a empezar por el lugar desde donde surge el sonido ya que corregir los puntos de articulación es el primer paso hacia una adecuada recitación del Corán. La opinión mayoritaria de los eruditos es que hay 17 puntos de articulación distintos, divididos en cinco áreas principales: la cavidad oral, la garganta, la lengua, los labios y la cavidad nasal. El diagrama de la siguiente página te ayudará a localizar el punto de articulación de cada letra.

La **cavidad oral** es el espacio vacío entre la garganta y la boca desde donde las vocales largas ا و ي se pronuncian.

La **garganta** está dividida en tres puntos de articulación, cada uno produce dos letras, empezando con ء ه en la parte baja de la garganta y terminando con غ خ en el área más cercana a la lengua.

La **lengua** es el punto más complejo, está dividida en cuatro secciones que producen un total de 18 letras distribuidas en diez puntos de articulación. La letra que se articula en la parte más trasera de la lengua es la ق y el grupo de letras ث ذ ظ se pronuncian extendiendo apenas la lengua más allá de los dientes incisivos.

Los **labios** tienen dos puntos de articulación que producen cuatro letras en total. La ف surge desde los incisivos superiores en contacto con el labio inferior (evitando aplicar demasiada presión la cual interrumpiría el sonido). La ب y مر, و requieren ambos labios.

Finalmente la **cavidad nasal**, fuente del sonido nasal llamado *ghunnah* característico de la pronunciación de las letras ن y مر . La lengua no está involucrada en estos sonidos y si la nariz está obstruida la *ghunnah* se detiene. En inglés un caso similar sería la "n" que se pronuncia con los gerundios terminados en "ing" y en español la nasalización que acompaña a la pronunciación de la letra "ñ".

Si leés las letras en el orden según los puntos de articulación de 1 a 17 sentirás el recorrido completo y progresivo desde el interior de la garganta hasta la punta de tus labios.

Es importante tener presente las letras que con frecuencia son inadecuadamente pronunciadas por recitadores que no articulan bien los puntos. Por ejemplo la ج se pronuncia presionando el centro de la lengua contra el paladar, de la misma manera que la ش y la ي. La lengua necesita hacer un contacto más leve con el paladar para diferenciar ر de una "r" en español. El idioma árabe es apodado como el idioma de la letra ض porque es la más difícil de pronunciar, requiere que toda la lengua entre en contacto con las encías interiores. La ل proviene desde la mitad frontal de la lengua al tocar suavemente la sección dura del paladar, no solo la punta como comúnmente se hace.

UBICACIÓN DE LOS 17 PUNTOS DE ARTICULACIÓN

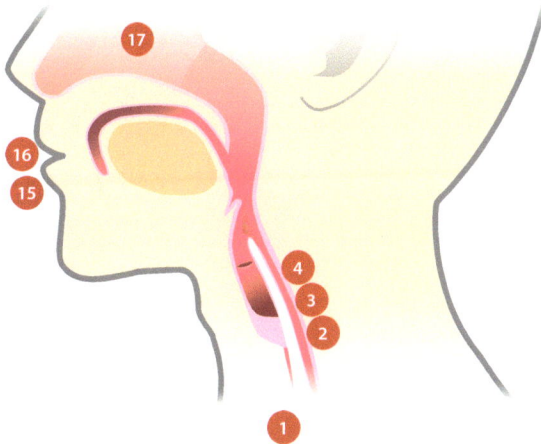

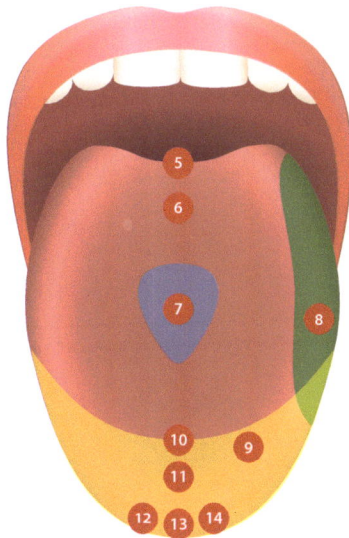

1. Cavidad oral: Espacio vacío entre la boca y la garganta desde donde surgen las vocales largas (ا و ي)

2. Garganta baja (ء ه)

3. Garganta media (ع ح)

4. Garganta alta (غ خ)

5. Parte posterior de la lengua cercana a la garganta en contacto con el paladar blando (ق)

6. Parte posterior de la lengua en contacto con el paladar duro (ك)

7. Parte media de la lengua en contacto con todo el paladar (ج ش ي) [Azul]

8. Uno de los lados de la lengua presionada contra las encías de los molares superiores, frecuentemente en lado izquierdo (ض) [Verde]

9. Lengua en contacto con las encías de los primeros premolares superiores, los caninos y los incisivos de ambos lados formando el más amplio punto de articulación (ل) [Amarillo]

10. Punta de la lengua en contacto con las encías de los incisivos superiores centrales (ن)

11. Punta de la lengua y también su parte trasera contra las encías de los incisivos superiores centrales (ر)

12. Punta de la lengua contra la raíz de los incisivos superiores centrales (ت د ط)

13. Punta de la lengua contra la superficie interior de los incisivos superiores centrales (س ز ص)

14. Punta de la lengua contra el final de los incisivos superiores centrales (ث ذ ظ)

15. Interior del labio inferior contra la punta de los incisivos superiores centrales (ف)

16. Entre ambos labios (ب م و)

17. Cavidad nasal: El espacio desde la parte trasera de la nariz hacia la boca y la garganta que genera un sonido nasal (الغنّة)

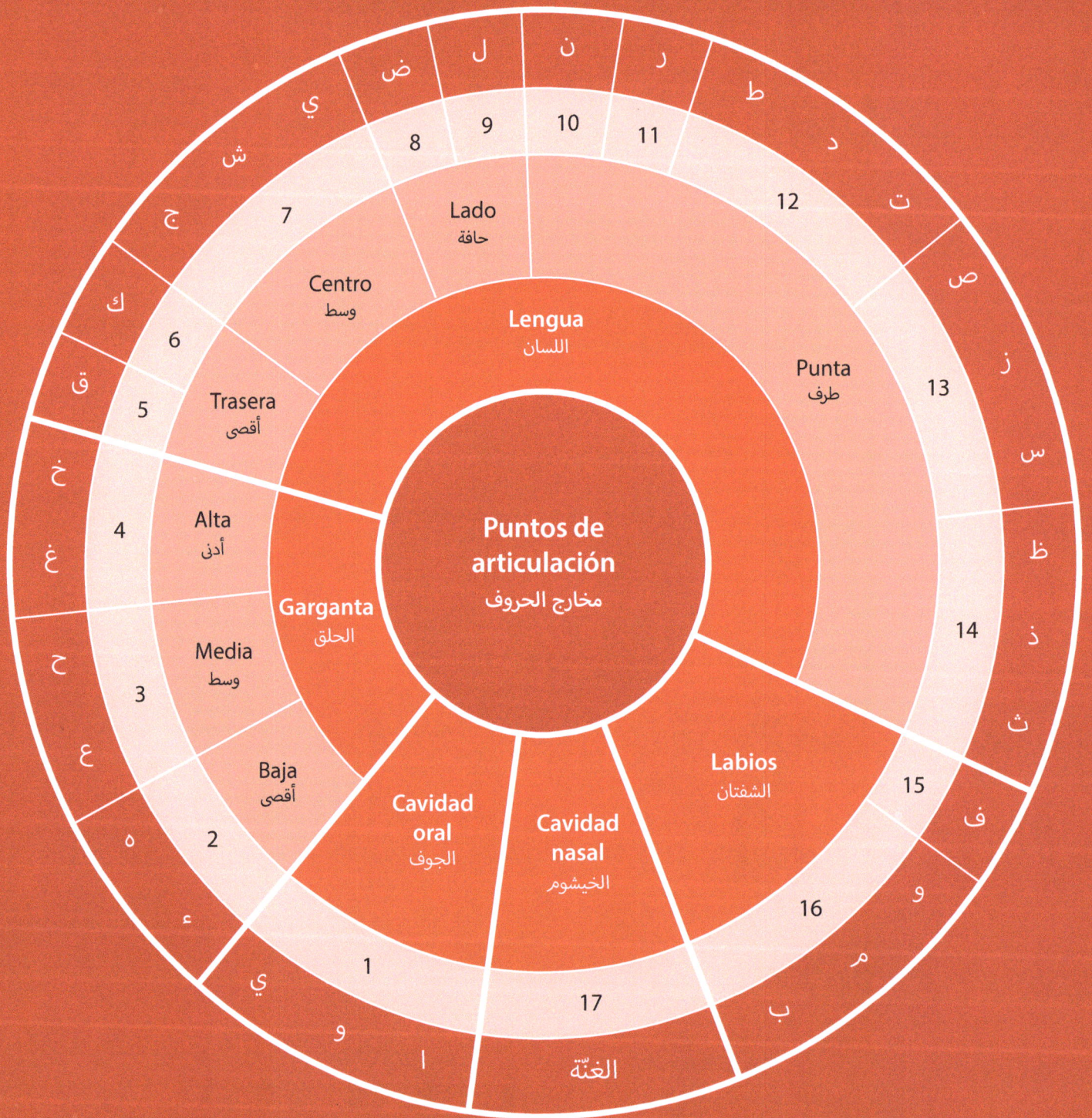

Puntos de articulación
مخارج الحروف

- Lengua — اللسان
  - Lado — حافة — 8, 9
  - Centro — وسط — 7, 10
  - Trasera — أقصى — 6, 11
  - Punta — طرف — 12, 13, 14, 15
- Garganta — الحلق
  - Alta — أدنى — 5, 4
  - Media — وسط — 3
  - Baja — أقصى — 2
- Cavidad oral — الجوف — 1
- Cavidad nasal — الخيشوم — 17 — الغنّة
- Labios — الشفتان — 16

وَنُنَزِّلُ مِنَ ٱلْقُرْءَانِ مَا هُوَ شِفَآءٌ وَرَحْمَةٌ لِّلْمُؤْمِنِينَ

Hacemos descender, por medio del Corán,
lo que es curación y contención para los creyentes.

Corán 17:82

La pronunciación adecuada se logra mediante la correcta aplicación tanto de los puntos de articulación como de las características propias de cada letra. De hecho, si dos o más letras comparten exactamente el mismo punto de articulación la única forma de diferenciarlas es por sus características.

Un simple ejemplo es د y ت, ambas se pronuncian desde la punta de la lengua en el doceavo punto de articulación pero la diferencia es la respiración susurrante que tiene la ت y la vibración que acompaña a la د sin vocal. Sin estas diferencias sonarían igual.

Las características de las letras se dividen en dos categorías: con y sin opuestas. Hay cuatro pares de características que tienen opuestas, además de una situación intermedia entre el par fuerte y débil llamada moderada que no se considera separadamente. Hay ocho características sin opuestas como se detalla a continuación.

CON OPUESTAS*

Susurrada | الهمس

Permite que la respiración continúe durante la pronunciación de la letra debido a su débil dependencia del punto de articulación. (فَحَثَّهُ شَخْصٌ سَكَتْ)

Voceada | الجهر

Atrapa la corriente de la respiración al pronunciar la letra debido a su fuerte dependencia del punto de articulación.

Fuerte | الشدة

Atrapa la corriente del sonido debido a que la letra depende por completo de su punto de articulación. (أَجِدْ قَطٍ بَكَتْ)

Débil (y Moderada) | الرخاوة والبينية

Permite que el sonido continúe—o que continúe parcialmente en el caso de una letra moderada (لِنْ عُمَرْ)—debido a su leve o parcial dependencia del punto de articulación de la letra.

Elevada | الاستعلاء

Elevar la parte trasera de la lengua contra el paladar. (خُصَّ ضَغْطٍ قِظْ)

Descendida | الاستفال

Bajar la parte trasera de la lengua alejándose del paladar.

Cerrada | الإطباق

Pegar la lengua al paladar. (ص ض ط ظ)

Abierta | الانفتاح

Separar la lengua del paladar.

*Un quinto par es mencionado por algunos eruditos, fluencia y restricción (الإذلاق والإصمات), pero no está incluido aquí ya que no tiene influencia práctica al momento de la pronunciación.

SIN OPUESTAS

Silbido | الصفير

El sonido proviene de la punta de la lengua al apoyarse en los dientes frontales al mismo tiempo que la respiración atraviesa ese pequeño espacio. (س ز ص)

Vibración | القلقلة

Es un sonido extra producido por una letra que reverbera al momento de liberar presión desde el punto de articulación. (قُطْبُ جَدٍّ)

Suavidad | اللين

La letra suena suave, sin esfuerzo desde la lengua. (ي و)

Tendencia | الانحراف

Es el fluir de las letras ر y ل luego de surgir del punto de articulación contra otro. La ل tiende hacia la punta de la lengua y la ر tiende detrás de la ل.

Repetición | التكرير

Es la vibración de la punta de la lengua al pronunciar la ر. Esta característica es llamada así porque es propensa a exagerarse lo cual debe evitarse en la recitación.

Difusión | التفشي

Es la distribución del aire a través de la boca cuando se pronuncia la letra ش.

Extensión | الاستطالة

Es la prolongación del sonido sobre uno de los lados de la lengua desde adelante y hasta atrás sin liberar el punto de articulación. Esta característica es única de la letra ض.

Nasalización | الغنة

Es un sonido que emana de la cavidad nasal, que no es afectado por la lengua y que es intrínseco a las letras ن y م.

Características de las letras
صفات الحروف

Con opuestas — ذات ضد

- Abierta — الانفتاح
- Cerrada — الاطباق
- Descendida — الاستفال
- Elevada — الاستعلاء
- Débil — الرخاوة
- Moderada — البينية
- Fuerte — الشدة
- Voceada — الجهر
- Susurrada — الهمس

Sin opuestas — لا ضدلها

- Silbido — الصفير
- Vibración — القلقلة
- Suavidad — اللين
- Tendencia — الانحراف
- Repetición — التكرير
- Difusión — التفشي
- Extensión — الاستطالة
- Nasalización — الغنة

Todas las letras restantes

ص ض ط ظ

Todas las letras restantes

خُصَّ ضَغْطٍ قِظْ

Todas las letras restantes

لِنْ عُمَرْ

أَجِدْ قَطٍ بَكَتْ

Todas las letras restantes

فَحَثَّهُ شَخْصٌ سَكَتْ

ص ز س

قُطْبُ جَدٍّ

و ي ل ر ر ش ض ن م

- 11 -

وَإِذَا قُرِئَ ٱلْقُرْءَانُ فَٱسْتَمِعُوا۟ لَهُۥ وَأَنصِتُوا۟ لَعَلَّكُمْ تُرْحَمُونَ

Cuando se recite el Corán, escúchenlo en silencio.
Quizás así los contenga.

Corán 7:204

En árabe las letras también pueden separarse en dos categorías, fuertes y suaves. Técnicamente estas categorías se llaman velarización y atenuación, se basan en la posición de la lengua al momento de pronunciarlas. Elevando la parte trasera de la lengua contra la sección suave del paladar se logra un completo y velarizado sonido que siempre está presente en las letras elevadas descritas en la sección anterior acerca de las características propias de cada letra (خُصَّ ضَغْطٍ قِظْ). El resto de las letras son atenuadas excepto tres (ر ل ا), que son casos particulares cuando están velarizadas.

El caso de la *alif* es sencillo ya que arrastra la situación de la letra que la precede, pronunciada velarizada cuando sigue una letra fuerte y atenuada cuando sigue una letra suave.

La ل es siempre atenuada excepto cuando se pronuncia el nombre de الله con una *fatḥah* o *ḍammah* (قَالَ ٱللَّهُ).

El caso más complicado es la letra ر, que tiene una regla de base y varias situaciones especiales. Si la ر tiene (1) una *kasrah* o (2) no tiene vocal y la vocal corta más cercana precedente es una *kasrah,* o (3) no tiene vocal y está precedida por una ي, entonces es atenuada (رِزْقًا). De la misma manera, si la ر lleva una *fatḥah* o *ḍammah* (o no tiene vocal y la vocal corta más cercana precedente es una *fatḥah* o *ḍammah*), entonces es velarizada (رَمَضَانَ).

Si la ر no tiene vocal y está precedida por una *hamza* conectora (أ), entonces es velarizada (ٱرْجِعُوا). Si no lleva vocal y precede a una *kasrah* y continúa una letra elevada que no tiene una *kasrah*, entonces también es velarizada (قِرْطَاسٍ).

Hay casos en donde ninguna de la opciones se lleva a cabo cuando se pronuncia la ر. El primero de estos casos es una sola palabra en todo el Corán (فِرْقٍ) en donde la ر no tiene vocal, precede una *kasrah* y continua una letra elevada. Las dos palabras—(ٱلْقِطْرِ) y (مِصْرَ)—tienen una ر sin vocal precedida por una letra elevada también sin vocal que a su vez está precedida por una *kasrah*. En estos dos casos, se permite la velarización o la atenuación de la ر al detenerse en ella.

Finalmente hay algunos casos que involucran una ي implícita que no aparece en el texto coránico, como la palabra (نُظُرِ) y (يَسْرِ) cuyo origen es نُظُرِي y يَسْرِي, y cualquiera de las dos opciones, velarizar o atenuar, está permitida al detenerse.

Hay cinco niveles de velarización. Siendo el más fuerte cuando una letra es sucedida por una *alif* y el más débil cuando es sucedida por una *kasrah*.

Como se explicó en la introducción acerca de las vocales cortas, asegurarse que las palabras compuestas por letras velarizadas y atenuadas sean pronunciadas correctamente requiere práctica. Si no prestamos especial atención una letra elevada como la ط puede incorrectamente arrastrar la vocalización de las otras letras cercanas hacia un sonido más fuerte, como en (فَٱخْتَلَطَ). Aplicar correctamente el nivel de velarización o atenuación a cada letra es evidencia de un recitador competente.

Velarización y atenuación
التفخيم والترقيق

Center inner rings:

- Velarizada o atenuada
- Permitido ambas
- Siempre velarizada
- Siempre atenuada
- خُصَّ ضَغْطٍ قِظْ
- 1° Grado
- 2° Grado
- 3° Grado
- 4° Grado
- 5° Grado

ل (letra):
- Permitido ambas
- Velarizada
- Atenuada

ا (alif):
- Velarizada
- Atenuada

Outer ring — right side (ر velarizada/atenuada):

ر con una *fatḥah* o con un *sukūn* precedida por una *fatḥah* o un *sukūn* y luego una *fatḥah*

ر con una *ḍammah* o con un *sukūn* precedido por una *ḍammah* o un *sukūn* y luego una *ḍammah*

ر con un *sukūn* precedido por una آ

ر con un *sukūn* precedido por una *kasrah* y seguido por una letra elevada que no tiene *kasrah*

Todos los casos restantes

الله cuando está precedida por una *fatḥah* o *ḍammah* o por un *sukūn* precedido por una *fatḥah* o *ḍammah*

Todas las letras restantes

Outer ring — left/top side (ر atenuada):

ر con *sukūn* seguida por una ي omitida que esta implicita

ر con *sukūn* precedida por una letra elevada con un *sukūn* precedida por una *kasrah*

ر con *sukūn* precedida por una *kasrah* y sucedido por una letra elevada con una *kasrah*

ر con un *sukūn* precedida por una ي

ر con una *kasrah* o con un *sukūn* precedida por una *kasrah* o un *sukūn* y luego una *kasrah*

ا (alif) segments:

ا seguida por una letra velarizada

ا seguida por una letra atenuada

Seguida por ا

Con *fatḥah*

Con *ḍammah*

Con *sukūn*

Con *kasrah*

Outer ring Arabic examples (starting from top, clockwise):

- وَالْعَصْرِ
- ٱلْمَرْءِ
- رَمَضَانَ
- خُشِّعِ
- ٱلْقُرْءَانَ
- رُبَّمَا
- ٱرْجِعُوٓا۟
- قِرْطَاسٍ
- قَالَ ٱللَّهُ
- رَسُولُ ٱللَّهِ
- وَعَلَى ٱللَّهِ
- ٱعْبُدُوا۟ ٱللَّهَ
- قِيلَ
- بِمِقْدَارٍ
- قُلْ
- قَدْ
- قَالَ
- بَابٍ
- ٱلطَّارِقِ
- حِجْرٌ
- ٱلْفِرْدَوْسِ
- رِزْقًا
- خَيْرٌ
- فَرْقٍ
- ٱلْفِطْرِ
- يَسِّرْ

El principio de unión de letras tiene como objetivo simplificar y facilitar la recitación. Ocurre cuando una letra sin vocal precede a una letra con vocal lo cual genera una unión, transformando ambas en la segunda letra.

La unión puede ser completa, lo que significa que no quedan rastros de la primera letra, o incompleta cuando al menos una característica de la primera letra impacta la recitación de la segunda. También puede ocurrir en una misma palabra o entre dos palabras si están conectadas en su pronunciación. Tres pares de letras pueden resultar en una unión: idénticas, similares o próximas.

Cuando dos letras **idénticas** están yuxtapuestas, comparten el punto de articulación y sus características, se unen completamente en una única letra duplicada, es decir *mushaddada* ﴿وَقَد﴾ ﴿دَّخَلُوا﴾.

Dos letras son **similares** cuando tienen el mismo punto de articulación pero diferentes características. Son siete pares de letras en el Corán, como د y ت, que al unirse se facilita la recitación al hacerlas fluir ﴿عَبَدتُّمْ﴾. La unión de una ب con una م resulta en una مّ duplicada o *mushaddada* que es recitada con nasalización ﴿أَرْكَب مَّعَنَا﴾. Finalmente el caso de ط unida por ت que se considera una unión incompleta, porque parte de la ط permanece audible cuando se recita ﴿بَسَطتَ﴾—se empieza con el sonido de la ط y se termina con el sonido de la ت.

Dos letras son **próximas** cuando el punto de articulación o sus características son cercanas.

La ن (sola o en forma de *tanuīn*) se une con cinco letras (يرملو), completa (ل م ر) o incompleta (و ي). La característica de la ن que reciben la ي y la و es su nasalización ﴿وَمَن يفْعَلْ﴾. Al unir una ن con una ل o una ر, hay que prestar atención para no nasalizar de más dicha unión, un error común en el tayuid ﴿يَكُن لَّهُ﴾. Teniendo en cuenta que la م tiene en sí misma la nasalización, unir una ن con una م implica recitarla con sus características, a pesar de ser una unión completa.

Hay 14 "letras solares" (حروف الشمسية) en la lengua árabe (ن ل ظ ط ض ص ش س ز ر ذ د ث ت), que se categorizan según la cercanía de la lengua a la ل. Cuando estas letras están precedidas por el artículo definido ال, la ل no se pronuncia ya que es completamente absorbida por la letra siguiente ﴿الشَّمْسَ﴾. Las 14 letras restantes son llamadas "letras lunares" (حروف القمرية), con las cuales la ل es claramente pronunciada.

Una unión completa está usualmente indicada en el texto impreso del Corán—llamado *mushaf*—dejando la letra a ser absorbida sin signos diacríticos y poniendo una *shaddah* en la letra siguiente que será la letra absorbente, lo cual hará que la primera letra desaparezca por completo al ser absorbida por la segunda.

En el caso de uniones incompletas, la primera letra se deja sin signos diacríticos, la segunda letra tampoco tiene una *shaddah*, lo cual nos indica que hasta cierto punto la primera letra aún está presente al momento de recitar la segunda.

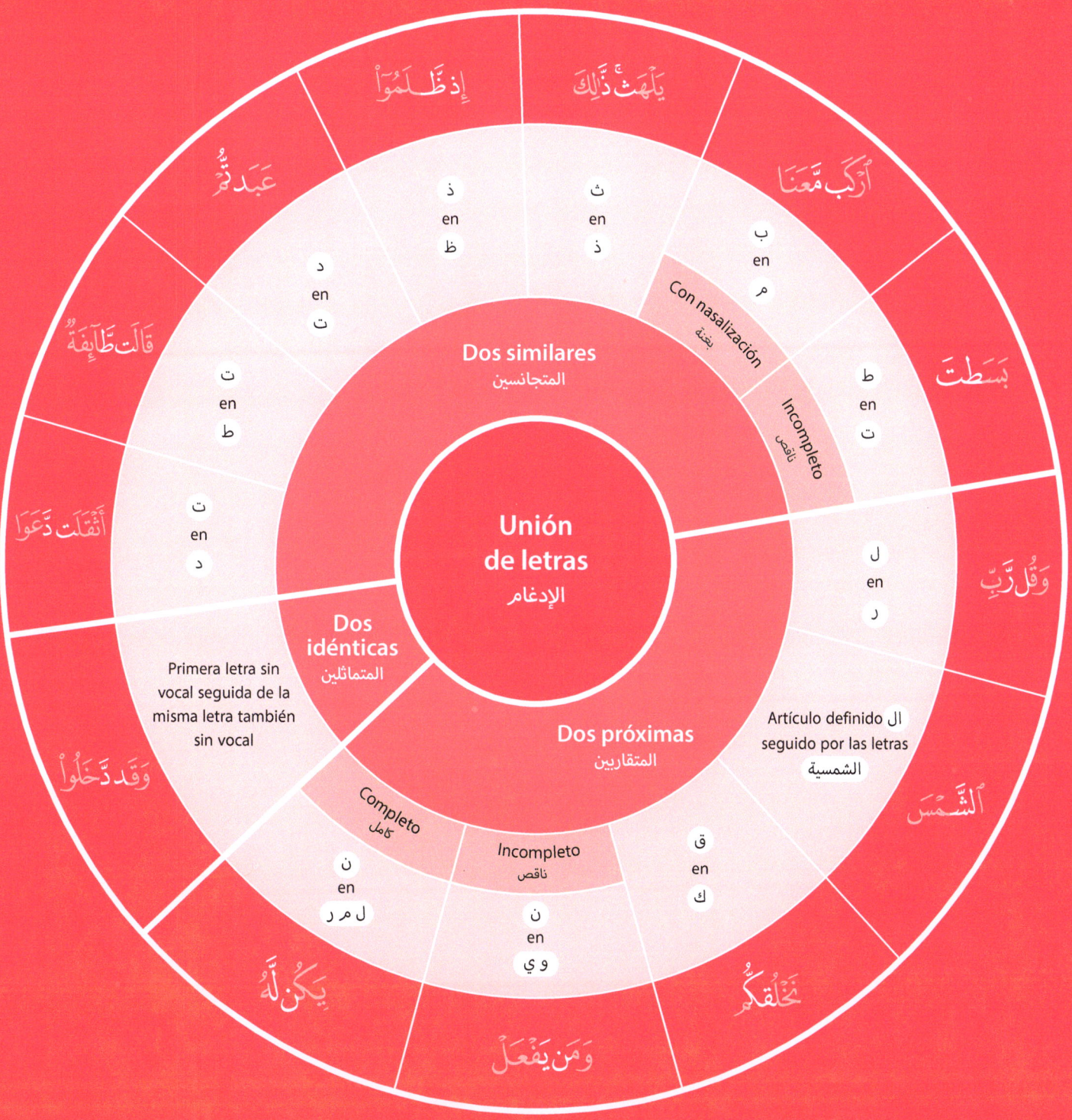

Unión de letras
الإدغام

Dos similares
المتجانسين

Dos idénticas
المتماثلين

Primera letra sin vocal seguida de la misma letra también sin vocal

Dos próximas
المتقاربين

Con nasalización
غنة

Incompleto
ناقص

Completo
كامل

Incompleto
ناقص

Artículo definido seguido por las letras الشمسية

ذ en ظ

ث en ذ

د en ت

ت en ط

ت en د

ب en م

ط en ت

ل en ر

ق en ك

ن en و ي

ن en ل م ر

إِذ ظَّلَمُواْ

يَلْهَثْ ذَّلِكَ

أَرْكَب مَّعَنَا

عَبَدتُّمْ

بَسَطتَ

قَالَت طَّآئِفَةٌ

وَقُل رَّبِّ

أَثْقَلَت دَّعَوَا

ٱلشَّمْسَ

وَقَد دَّخَلُواْ

نَخْلُقكُّم

يَكُن لَّهُ

وَمَن يَفْعَلْ

La letra ***nūn* sin vocal** aparece de dos formas, como una letra sola o en forma de *tanuīn*. *Tanuīn* se aplica mediante una *nūn* extra sin vocal al final de los sustantivos. Aparece en el *muṣḥaf* como un indicativo vocálico doble (ً ٌ ٍ) y sólo se recita para conectar dos palabras.

Las cuatro reglas que afectan la pronunciación de la *nūn* sin vocal son: (1) articulación clara, (2) unión, (3) transformación y (4) ocultamiento.

(1) Se llama **articulación clara** cuando pronunciamos las letras sin ninguna nasalización extra y separamos por completo su sonido de la letra siguiente. Esta regla se aplica cuando una *nūn* sin vocal precede a alguna de las seis letras de la garganta (خ غ ح ع ه ء) dentro de una misma palabra o entre dos ﴿مِنْ عَلَقٍ﴾. El punto de articulación de estas letras son los más distantes del de la *nūn*. Pronunciar una unión, transformación u ocultamiento es extremadamente difícil.

(2) La **unión** fue explicada en profundidad en la sección anterior. En el caso de la *nūn* sin vocal la distinción más importante es si la unión incluye nasalización. Cuando la *nūn* precede una de las letras ينمو ésta se conecta con una sostenida nasalización mensurable con la velocidad de la recitación ﴿مِن مَّآءٍ﴾. En contraste con ر y ل que son absorbidas completamente sin dejar nasalización alguna ﴿مِن رِّزْقٍ﴾.

Nótese que la regla de unión se aplica a la *nūn* sin vocal sólo entre dos palabras. Si una *nūn* sin vocal precede a una de las letras ينمو dentro de la misma palabra, las letras no se unen ﴿قِنْوَانٌ﴾. Aplicar una unión en este caso alteraría el significado original de la palabra, en consecuencia no está permitido. Otra excepción es la *nūn* sin vocal que aparece en las letras de apertura de dos capítulos del Corán—*al-Qalam* y *Yāsīn*—que se articulan con claridad a pesar de tener después una و.

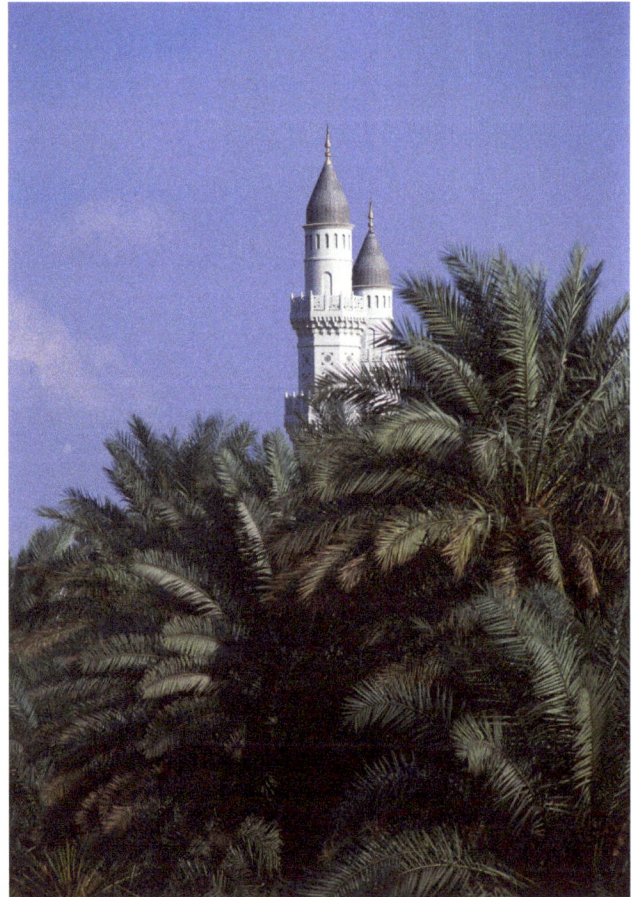

(3) La **transformación** ocurre cuando una *nūn* sin vocal precede una ب y ésta se transforma en una *mīm* ﴿مِن بَعْدِ﴾. Entonces actúa exactamente como una *mīm* opacada por una ب; la *mīm* sin vocal será explicada en la próxima sección. Estos casos comúnmente se marcan en el *muṣḥaf* con una pequeña *mīm* sobre la *nūn*.

(4) El **ocultamiento** es una situación intermedia entre una clara articulación y una unión, manteniendo la nasalización de la *nūn* mientras se esconde detrás de la letra siguiente que se pronuncia sin duplicar (*shaddah*). El ocultamiento afecta al resto de las letras del alfabeto árabe y puede ocurrir en una misma palabra o en dos ﴿مِن﴾ ﴿طِينٍ﴾.

Ejecutar correctamente el ocultamiento se logra acercando la lengua al punto de articulación de la siguiente letra pero sin tocarlo. Un error común es pronunciar una clara y articulada *nūn* en vez de una ocultada al ubicar la lengua en el paladar.

Cuando la *nūn* se oculta a través de una letra velarizada la nasalización se equipara a dicha velarización. De la misma manera la nasalización es más suave cuando acompaña a una letra ocultada y atenuada.

Las reglas que se aplican a la **mīm sin vocal** son mucho más simples ya que se articula con claridad en relación a otras letras salvo es dos casos: cuando la *mīm* se une a otra *mīm* y cuando está oculta por una ب.

Cuando está unida a otra *mīm* la combinación resulta en una *mīm* enfatizada mediante una sostenida y más larga nasalización, acorde a la velocidad de la recitación ﴿كَم مِّن﴾.

De la misma manera, en el caso del **ocultamiento** por una ب, la nasalización de la *mīm* se mantiene con los labios suavemente cerrados mientras se prepara el punto de articulación de la ب apenas frunciendo los labios hacia afuera y luego pronunciando normalmente ب al final ﴿رَبَّهُم بِهِمْ﴾.

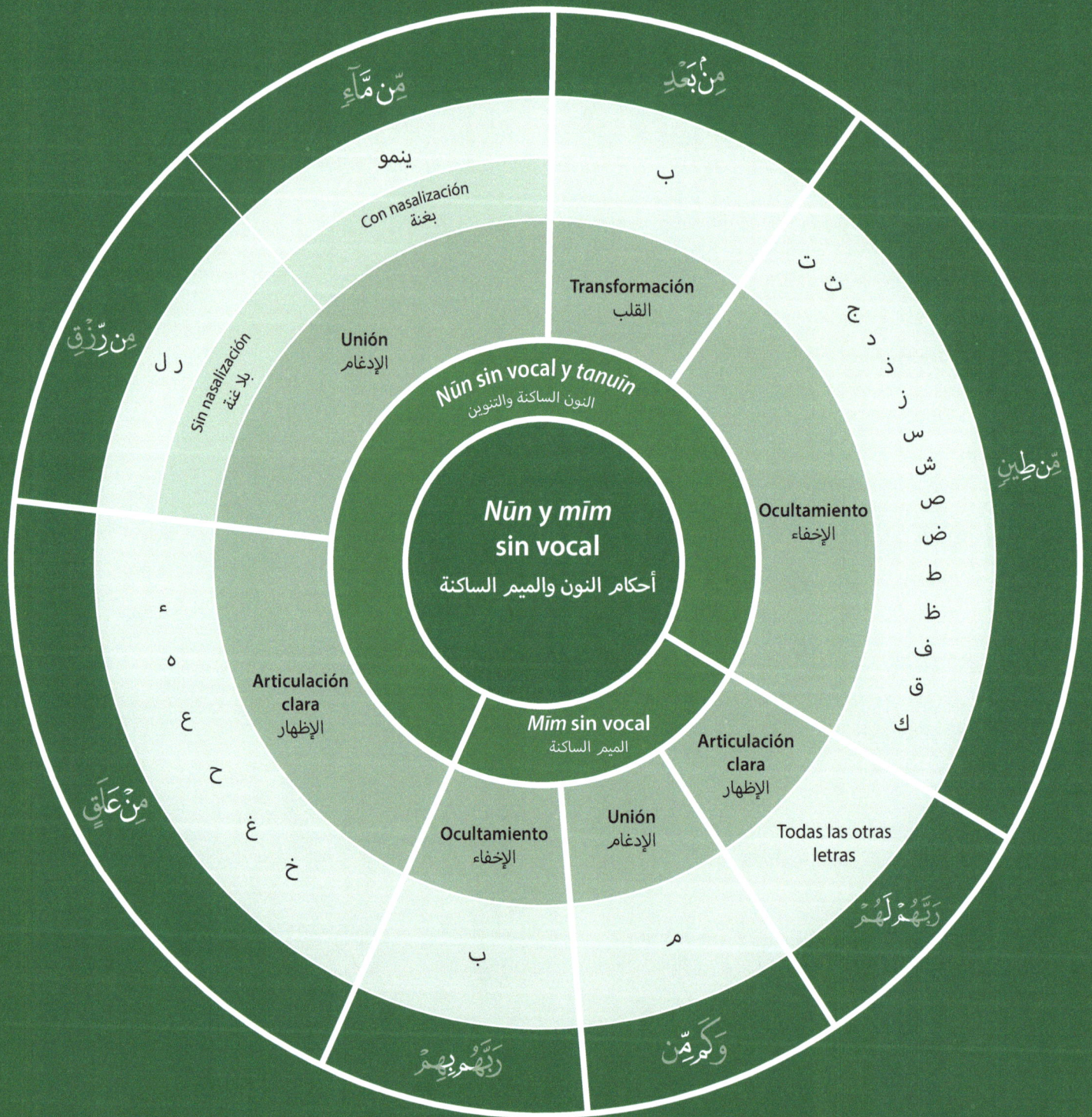

وَلَقَدْ يَسَّرْنَا ٱلْقُرْءَانَ لِلذِّكْرِ فَهَلْ مِن مُّدَّكِرٍ

Ciertamente, hemos hecho el Corán fácil de recordar
¿Habrá quien tome conciencia?

Corán 54:40

La duración de las vocales está definida por la extensión del sonido que producen las tres vocales largas: una *alif* sin vocal corta precedida por una *fatḥah*, una *wāw* sin vocal corta precedida por una *ḍammah* o una *yā* sin vocal corta precedida por una *kasrah*.

La duración de esta extensión deriva de la unidad de referencia del sonido que establecemos al pronunciar una vocal corta (como explicamos en la introducción de esta guía) acorde a la velocidad de la recitación. La prolongación puede ser de dos tipos: natural o secundaria.

La base de la prolongación es la **duración natural**. Es siempre el doble que una vocal corta y puede ser de cuatro tipos: (1) natural original, (2) letra natural, (3) reemplazo y (4) conexión menor.

(1) La duración **natural original** es la cantidad de tiempo que cada una de las tres vocales largas dura cuando se recita si no es seguida por una *hamzah* ni un *sukūn* inmediatamente después ﴿أُوتِينَا﴾.

(2) La **letra natural** se aplica a las letras que abren ciertos capítulos del Corán llamadas por el acrónimo حَيٌّ طَهُرَ. Por ejemplo ﴿طه﴾ se lee ها طا, cada letra de apertura cuenta como dos, como si tuvieran una *alif*.

(3) La **prolongación de reemplazo** convierte un *tanuīn fatḥah* en una *alif* normal, lo que cuenta como dos cuando nos detenemos en esa palabra ﴿شَكُورًا﴾.

Finalmente, la prolongación de la (4) **conexión menor** agrega la vocal ي o و luego del pronombre ه que tenga una *ḍammah* o *kasrah* cuando continuamos recitando, como en ﴿إِنَّهُ ه كَانَ﴾, duplicando la duración de la vocal corta.

La **prolongación secundaria** es causada por un *sukūn* o una *hamzah*. En el caso de la **hamzah**, la vocal larga puede estar dentro de la misma palabra o entre dos palabras seguidas lo que genera cuatro casos de duración: (1) separación permitida, (2) conexión requerida, (3) gran conexión y (4) sustitución.

(1) La **separación permitida** prolonga una vocal larga al final de una palabra si una *hamzah* inicia la siguiente, y se contará como tres o cuatro ﴿بِمَآ أُنزِلَ﴾.

(2) La **conexión requerida** prolonga una vocal larga seguida de una *hamzah* dentro de la misma palabra. También cuenta como cuatro o cinco ﴿يَشَـآءُ﴾.

(3) La **gran conexión** es igual que la conexión menor pero al pronombre ه lo sucede una *hamzah*, y cuenta por cuatro o cinco bajo las reglas de prolongación permitida en palabras separadas ﴿رِّبِّهِۦٓ أَحَدًا﴾. La elección de las prolongaciones debe ser consistente en todas estas categorías (cuatro o cinco para todas).

(4) La **prolongación sustituta** extiende una vocal larga cuando una *hamzah* la precede y las intercambia. El origen de ﴿ءَادَمَ﴾ es en realidad أَأْدَمَ; la segunda *hamzah* sin vocal se convierte en una vocal larga de la categoría de la vocal de la primera *hamzah*—en este caso una *fatḥah* causante de la adición de una *alif*.

Si la prolongación secundaria es causada por un **sukūn**, la vocal larga debe estar en la misma palabra que la letra con *sukūn*. De nuevo hay cuatro categorías principales: (1) *sukūn* introducido, (2) prolongación suave, (3) palabra obligada y (4) letra obligada.

La prolongación deriva del (1) *sukūn* **introducido**, donde sea que el recitador se detenga, puede contar como dos, cuatro o seis, pero debe ser consistente durante toda la recitación ﴿ٱلنَّاسِ﴾.

(2) La **prolongación suave** ocurre cuando una و precedida por una *fatḥah* o una ي precedida por una *fatḥah*, también se cuenta como dos, cuatro o seis pero no puede superar a la duración utilizada para el *sukūn* introducido ﴿ٱلصَّيْفِ﴾. Por ejemplo, si se está recitando el *sukūn* introducido con una duración de cuatro y luego se encuentra una prolongación suave, sólo quedan dos opciones: darle una duración de cuatro o de dos.

(3) La prolongación de la **palabra obligada** puede ser fuerte o suave, ambas cuentan como seis. La prolongación **fuerte** precede a una palabra con *shaddah* ﴿ٱلصَّآخَّةُ﴾ y la prolongación **suave** precede un *sukūn* original que no es una *shaddah* ﴿ءَآلْـَٔنَ﴾.

(4) La prolongación de una **letra obligada** afecta a las letras que inician los capítulos del Corán. Se llama **fuerte** cuando hay una unión entre dos letras subsecuentes que resultan en una nasalización adicional, como ocurre entre ل y م en ﴿ٱلٓمٓ﴾. Se llaman **reducida** en el caso de una articulación clara como es entre ل y ر en ﴿ٱلٓرٰ﴾. Ambas prolongaciones de una letra obligada, fuerte y suave, cuentan por seis.

Finalmente la ع es un caso especial de letra obligada ya que es considerada como una prolongación suave (la pronunciación del nombre de la letra عين incluye una ي precedida por una *fatḥah*) que puede contar como cuatro o seis ﴿كٓهيعٓصٓ﴾.

Prolongación de las vocales — المدّ

Center: **Prolongación de las vocales** / المدّ

Inner ring:
- Natural — الطبيعي
- Secundaria — الفرعي

Middle sections:
- Causada por una hamzah — بسبب الهمزة
- Causada por un sukūn — بسبب السكون

Outer concept ring:

Natural branch:
- Conexión menor — مد الصلة الصغرى
- Reemplazo — مد العوض
- Letra natural — المد الطبيعي الحرفي (حَيٌّ طَهُرَ)
- Natural original — المد الطبيعي الأصلي (ا و ي)
- Prolongación suave — مد اللين

Causada por una hamzah branch:
- Conexión requerida — مد الواجب المتصل
- En la misma palabra — في كلمة واحدة
- Separación permitida — المد الجائز المنفصل
- Entre dos palabras — في كلمتين
- Gran conexión — مد الصلة الكبرى

Causada por un sukūn branch:
- Sustituto — مد البدل
- Reducida — مخفف
- Fuerte — مثقل
- Letra obligada — لازم حرفي
- Suave — لين
- Reducida — مخفف
- Fuerte — مثقل
- Palabra obligada — لازم كلمي
- Sukūn introducido — المد العارض للسكون

Numbers and examples (outer ring):
- 2 — ءَادَمَ
- 6 — آلّر
- 6 — آلّمّ
- 4 0 6 — كهيعص
- 6 — ءَآلآنَ
- 6 — الصّآخّة
- 2 0 4 0 6 — النّاس
- 2 0 4 0 6 — وَالصّيف
- 2 — وَأُوتِينا
- 2 — حمّ
- 2 — شَكُورًا
- 2 — إنّهُوكان
- 5 0 4 — رَبّهِ أَحَدًا
- 5 0 4 — بِمآأُنزِلَ
- 4 0 5 — يَشَآءُ

أَفَلَا يَتَدَبَّرُونَ ٱلْقُرْءَانَ أَمْ عَلَىٰ قُلُوبٍ أَقْفَالُهَآ

¿Es que no meditan en el Corán?
¿O tienen candados en sus corazones?

Corán 47:24

Aprender dónde empezar y concluir la recitación como también elegir las pausas e inicios intermedios permitidos durante la recitación es esencial para ejecutar el tayuid apropiadamente.

La recitación siempre empieza buscando refugio en Dios (أَعُوذُ بِٱللَّهِ مِنَ ٱلشَّيْطَانِ ٱلرَّجِيمِ) basándonos en el versículo que dice "Cuando recites el Corán busca refugio en Dios de Satán, el maldito" (16:98). Luego sigue la *basmalah* (بِسْمِ ٱللَّهِ ٱلرَّحْمَٰنِ ٱلرَّحِيمِ) y finalmente el primer versículo a recitar. Está permitido conectar estas tres oraciones, las dos primeras (la búsqueda de refugio y la *basmalah*) o las dos segundas (la búsqueda de refugio, hacer una pausa para respirar y luego conectar la *basmalah* con el primer versículo).

Cada capítulo del Corán, excepto el noveno (سورة التوبة,), empieza con la *basmalah*. Al llegar a un nuevo capítulo, hay tres maneras de recitar el último versículo del capítulo que termina, la *basmalah* y el primer versículo del capítulo que comienza: separarlas todas, con una respiración después de cada una; unirlas todas, con una sola respiración; o unir la *basmalah* con el primer versículo del capítulo que comienza. No está permitido conectar el último versículo del capítulo con la *basmalah* y luego detenerse antes del primer versículo del capítulo que comienza.

La recitación puede **iniciarse** en general en cualquier parte, excepto en aquellos lugares en donde podría alterarse el significado. Cuando empezamos con una **hamzah** conectora (ٱ), hay cinco casos que establecen la vocalización inicial: (1) el artículo definido → *fatḥah*, (2) sustantivo indefinido → *kasrah*, y verbos que tienen (3) una *ḍammah* en la tercera letra → *ḍammah*, (4) *kasrah* o *fatḥah* en la tercera letra → *kasrah* o (5) *ḍammah* en la tercera letra que no es original → *kasrah*. En el diagrama están los ejemplos.

En relación a dónde **detenerse**, primero es importante destacar que el Corán no establece lugares en donde detenerse. Teóricamente si el recitador tiene suficiente aliento podría recitarlo de principio a fin. Como esto es imposible, es importante entender las diferentes categorías para detenerse y priorizar las mejores opciones evitando los lugares donde no es recomendable detenerse.

Los eruditos comúnmente establecen cuatro categorías en orden descendente en donde detenerse: **completa** (se refiera a que lo que continúa a la detención es completamente independiente de lo que sigue, tanto gramaticalmente como en significado), **suficiente** (vinculada en significado pero no en gramática), **buena** (vinculada en gramática y en significado) y **mala** (establece una significado incorrecto o vacío).

Las reglas que establecen la detención en los finales de las palabras son diferentes de acuerdo a la fuerza o debilidad de la letra final. Las vocales largas (ي و ا) se clasifican como débiles y el resto de las letras como fuertes.

Con respecto a **finalizar con letras fuertes**, el caso básico es detenerse con un *sukūn*. Esto significa que la *fatḥah*, *kasrah* o *ḍammah* de la letra final se convierte en *sukūn* cuando nos detenemos en cualquiera de ellas.

En el caso de la **supresión**, se eliminan tres tipos de terminaciones: un *tanuīn ḍammah* o *kasrah*, una vocal prolongada del pronombre ـه o una ي extra. En el caso del **reemplazo**, *tanuīn fatḥah* se convierte en una *alif* y ة en una ه.

Las dos opciones fuertes finales de detención son

avanzadas y deben revisarse con un instructor. *Rawm*: pronunciar un tercio de la vocal cuando nos detenemos en ella, puede aplicarse cuando la letra final tiene una *kasrah* o *ḍammah*. *Ishmām*: fruncir y abrir los labios en un círculo luego de completar el *sukūn* final—puede aplicarse cuando la letra final es una *ḍammah*, esta forma es inaudible.

Los **finales con letras débiles** pueden ser de cuatro tipos: (1) pronunciar la letra débil cuando continuamos y nos detenemos, (2) suprimirla cuando continuamos y nos detenemos, (3) pronunciarla sólo cuando nos detenemos y (4) pronunciarla sólo cuando continuamos. La categoría final sólo se aplica a و y ي.

En el caso de un final con letra débil sobre una *alif*, se marca con un pequeño círculo en el *muṣḥaf* para señalar la segunda categoría y un pequeño óvalo en vertical para la tercera. Ejemplos extraídos del Corán de todas estas categorías pueden verse en el diagrama explicativo.

La **detención monitoreada** ofrece al recitador dos opciones para detenerse (aparte de la opción universal de continuar sin detenerse). Podemos detenernos en cualquiera de los dos puntos pero no en ambos.

La **pausa sin aliento** está indicada en el *muṣḥaf* con una pequeña y elevada س y evoca una breve pausa en relación con la velocidad de la recitación sin tomar aliento antes de continuar.

Finalmente, la mejor forma de **finalizar la recitación** es asegurarse que la sesión de tayuid termine en un punto en donde el significado de lo que se está recitando haya sido completamente desarrollado, ya sea el final del capítulo o en algún punto apropiado dentro del mismo.

Detener y empezar
أحكام الوقف والابتداء

Reglas de detención — أحكام الوقف

Finales con letras fuertes

- **Sukūn** السكون
  - La letra final no tiene ni una *kasrah* ni *ḍammah*, se pronuncia como 1/3 de vocal
  - La letra final tiene una *fathah*, *kasrah* o *ḍammah* que se convierte en *sukūn*
- **Rawm** الروم
- **Ishmām** الإشمام — La letra final tiene una *ḍammah*, los labios se fruncen luego del *sukūn* sin sonido
- **Supresión** الحذف — *Tanuin ḍammah* y *kasrah* se omiten
- **Reemplazo** الإبدال
  - La prolongación de la vocal del pronombre ه es omitida
  - ي extra es omitida
  - *Tanuin fathah* se convierte en ا
  - ة se convierte en ه

Finales con letras débiles

- ا
  - Se omite cuando continuamos y cuando nos detenemos
  - Se pronuncia cuando detenemos
  - Se pronuncia cuando continuamos y nos detenemos si luego no hay un *sukūn*
  - Se pronuncia cuando continuamos y nos detenemos si luego hay un *sukūn*
- و y ي
  - Se omite cuando continuamos y cuando nos detenemos
  - Se pronuncia cuando nos detenemos
  - Se pronuncia sólo cuando continuamos

Categorías de detención

- **Mala** القبيح
  - No tiene sentido
  - Genera errores en el sentido
- **Buena** الحسن — No está vinculada a lo que sigue en gramática ni en el sentido
- **Suficiente** الكافي — Vinculada a lo que sigue en el sentido pero no en grámatica
- **Completa** التام — No está vinculada a lo que sigue en gramática ni en el sentido

Tipos de detención

- **Detención monitoreada** وقف المراقبة — Sólo permitido para detenerse en alguno de los dos puntos
- **Pausa sin aliento** السكت — Se interrumpe el sonido brevemente sin respirar y luego se continúa
- **Terminando** القطع — Asegurarse que el sentido esté completo al terminar la recitación

Reglas de inicio — أحكام الابتداء

Categorías de inicio

- **No Permitidas** غير الجائز
  - Cambia el sentido
- **Permitidas** الجائز
  - Todas las letras restantes
  - **Hamzah conectora**
    - Artículo definido ال: *fathah*
    - Sustantivo indefinido: *kasrah*
    - Verbo, 3° letra *ḍammah*: *ḍammah*
    - Verbo, 3° letra *kasrah* o *fathah*: *kasrah*
    - Verbo, 3° letra *ḍammah* (no original): *kasrah*

Ejemplos (anillo exterior):

العَلِيمُ · كَرِيمٌ · أَجَلٍ · يَرَهُ · اتَّئِنَّ · وَنِدَاءً · الْحَسَنَةَ · وَثَمُودَا · أَنَا · وَإِذَا قِيلَ · قَالُوا بَلَى · وَيَهْدِى بِهِ · وَيَدْعُ · وَاخْشَوْنِ · وَيُقِيمُوا الصَّلَاةَ · يَلَيْتَنِى اتَّخَذْتُ · مِن نَصْرٍ · مِنْ أَمْرِهِ · لَا رَيْبَ فِيهِ · وَقِيلَ مَنْ رَاقٍ · وَلَا الضَّالِّينَ · أَبْنُوا · اهْدِنَا · اذْهَبْ · انْظُرْ · ابْنِ · النَّاسِ · بِسْمِ اللّٰهِ · وَقَالُوا الْحَمْدُ لِلّٰهِ وَلَدًا · مَلِكِ يَوْمِ الدِّينِ إِيَّاكَ · هُم مُوقِنُونَ أُولَٰئِكَ · الْحَمْدُ لِلّٰهِ رَبِّ الْعَالَمِينَ · إِنَّ اللّٰهَ لَا يَسْتَحْيِي أَن · الْعَالَمِينَ · الدِّينِ · الْحَكِيمِ · الرَّحِيمِ · تَسْتَعِينُ

لَوْ أَنزَلْنَا هَـٰذَا ٱلْقُرْءَانَ عَلَىٰ جَبَلٍ لَّرَأَيْتَهُۥ خَـٰشِعًا مُّتَصَدِّعًا مِّنْ خَشْيَةِ ٱللَّهِ ۚ وَتِلْكَ ٱلْأَمْثَـٰلُ نَضْرِبُهَا لِلنَّاسِ لَعَلَّهُمْ يَتَفَكَّرُونَ

Si hiciera descender este Corán sobre una montaña,
la verías humillarse y desmoronarse por temor a Dios.
Estos son los ejemplos que ponemos a los seres humanos
para que, quizás así, reflexionen.

Corán 59:21

www.ingramcontent.com/pod-product-compliance
Lightning Source LLC
Chambersburg PA
CBHW041547260326
41914CB00016B/1573